**raits cocasses
Charades**

Conception et illustration de la couverture :
Dominique Pelletier

Conception graphique :
Monique Fauteux

Illustrations de l'intérieur :
Bill Dickson et Steve Attoe

Merci à Caroline Frappier pour sa contribution

100 blagues! Et plus…
Nº 9
© Éditions Scholastic, 2005
Tous droits réservés
Dépôt légal : 3ᵉ trimestre 2013

Éditions Scholastic
604, rue King Ouest
Toronto (Ontario)
M5V 1E1
www.scholastic.ca/editions

ISBN : 978-1-4431-3448-4

5 4 3 2 1   Imprimé au Canada   140   13 14 15 16 17

Le Canada est le pays où l'on consomme le plus de beignes par personne.

Mon premier est la huitième consonne de l'alphabet.

Mon deuxième est le contraire de rapide.

Mon troisième est un gros village.

Mon tout est un jeu de mots.

● ●

Un chien méchant poursuit un fou autour d'un arbre.

— Attention, dit l'infirmier, il va vous rattraper!

— Mais non, dit le fou, j'ai deux tours d'avance...

Certains végétariens purs et durs ne
mangent pas de miel parce qu'ils
s'opposent à ce que les abeilles
soient utilisées comme main-d'œuvre
à bon marché.

POURQUOI LES POISSONS-CHATS
S'ENNUIENT-ILS?

RÉPONSE : PARCE QU'IL N'Y A PAS
DE POISSONS-SOURIS.

Un agent de police arrête une
voiture et demande au conducteur :

- À combien rouliez-vous?

Le conducteur répond :

- À deux, mais si vous montez,
on sera trois.

Une Ontarienne voudrait que les gens
aiment davantage les abeilles.
Elle-même les aime tant qu'elle les
caresse à mains nues.

QU'EST-CE QUI EST NOIR ET BLANC, NOIR ET BLANC, NOIR ET BLANC, ET BLANC SUR BLANC?

RÉPONSE : UN ZÈBRE DANS UNE TEMPÊTE DE NEIGE.

Mon premier est la 22e lettre de l'alphabet.

Mon deuxième est un petit animal au long museau pointu.

Mon troisième n'est ni moi, ni toi.

Mon tout est une espèce de chenille dont on peut faire l'élevage.

COMMENT APPELLE-T-ON UNE SOURIS
AU MILIEU D'UN GROUPE DE SERPENTS?

RÉPONSE : LE DÎNER!

Un fou met de l'insecticide dans son bain. Son ami lui demande :

- Pourquoi mets-tu de l'insecticide dans ton bain?

- Parce que j'ai des fourmis dans les jambes.

Un fou se promène en traînant une ficelle derrière lui. Il s'approche d'un gardien et lui demande :

- Avez-vous vu passer l'Homme invisible?

- Non, répond le gardien.

- Bon, reprend le fou, si vous le voyez, dites-lui que j'ai retrouvé son chien!

Chaque jour au Canada, environ
85 000 personnes célèbrent
leur anniversaire.

UN...
DEUX...
TROIS...
QUATRE...

Il faudrait environ 507 millions de papillons autocollants pour faire le tour de la planète.

12

QUEL OBJET JETTE-T-ON LORSQU'ON
EN A BESOIN ET RÉCUPÈRE-T-ON
LORSQU'ON EN A TERMINÉ?

RÉPONSE : UNE ANCRE

Mon premier est un félin.

Je peux transporter de l'eau
dans mon deuxième.

Mon troisième peut en être
une gustative.

Mon quatrième exclut la personne
qui parle.

Mon tout est une activité pratiquée
par certains collectionneurs.

13

Les autruches peuvent atteindre l'âge
vénérable de 70 ans.

Les autruches mâles produisent un son ressemblant au rugissement d'un lion.

QU'EST-CE QUI EST ROND, BLEU ET
MINUSCULE?

RÉPONSE : UN PETIT POIS QUI
RETIENT SON SOUFFLE.

Un homme écoute la radio
dans sa voiture.

- Attention, dit l'animateur,
une voiture roule à contresens
sur l'autoroute Métropolitaine.

- Il n'y en a pas qu'une, dit
l'homme, il y en a des centaines!

POURQUOI LA LUCIOLE RÉUSSIT-ELLE SI
BIEN À L'ÉCOLE?

RÉPONSE : PARCE QU'ELLE EST BRILLANTE.

Mon premier est un des cinq sens.

Mon deuxième est une couleur.

Mon troisième sert à attacher.

Mon quatrième ne dit pas la vérité.

Au Canada, le chef de mon tout est
élu par le peuple.

Un père découragé par les mauvaises notes de son fils dit :

- Je vais te donner 100 $ à chaque fois que tu rentreras à la maison avec un bon bulletin.

Le lendemain, le fils, tout content, se rend à l'école et demande à son professeur :

- Madame, aimeriez-vous gagner 50 $ par mois?

Un touriste demande une chambre dans un hôtel.

- C'est combien les chambres?

- 300 $ au premier étage, 200 $ au deuxième et 100 $ au troisième, dit l'hôtelier.

- Merci, répond le touriste, votre hôtel n'est pas assez haut pour moi.

• •

Un professeur demande à un élève de conjuguer le verbe « marcher » au présent de l'indicatif.

- Je marche, tu marches, il marche...

- Plus vite! s'exclame le professeur.

Alors l'élève continue :

- Nous courons, vous trébuchez, ils tombent...

Une dame joue aux cartes pour la première fois. Quand arrive son tour de prendre une carte, elle s'exclame :

- J'espère que personne n'a vu que c'était un as!

- Il ne faut pas dire quelle carte tu as pigée! s'écrie son partenaire.

- Je sais bien! Voilà pourquoi je n'ai pas précisé que c'était un as de trèfle! répond la dame.

• •

Une dame se présente à la banque pour encaisser un chèque.

- Pourriez-vous vous identifier? lui demande la caissière.

La dame ouvre sa sacoche, en sort un miroir et s'y regarde :

- Oui, c'est bien moi, répond-elle.

La banane est le fruit préféré
des Canadiens : en 2000,
la consommation a été de 13 kg
par personne.

Un petit garçon appelle sa grand-mère :

- Allô, qui parle? demande la grand-mère.

- C'est ton petit-fils.

- Je ne t'avais pas reconnu, dit la grand-mère.

- C'est normal, je me suis fait couper les cheveux, répond le garçon.

• •

Mon premier est le nombre d'unités que contient une dizaine.

Mon deuxième est le prolongement de la colonne vertébrale chez les animaux.

Mon troisième est le contraire de mou.

Mon tout est une composante de l'ordinateur.

Un corbeau mexicain a construit son
nid entièrement avec du fil barbelé.
Une façon d'encourager les jeunes
à quitter la famille au plus vite?

- Garçon, que fait cette mouche dans ma soupe?

- La nage papillon? répond le garçon.

Toutes proportions gardées, le cou des poupées Barbie est deux fois plus long que celui des êtres humains.

Une dame téléphone à l'électricien :

- Vous deviez venir réparer ma sonnette il y a deux jours!

- Mais je suis venu, répond l'homme.

- Ne mentez pas, je n'ai pas quitté la maison.

- Pourtant, j'ai sonné plusieurs fois et personne n'a répondu.

· ·

Une petite fille dit à sa mère :

- Maman, j'aurais voulu vivre au Moyen Âge.

- Tiens, pourquoi? demande sa maman.

- Comme ça, j'aurais moins d'histoire à apprendre! répond la petite fille.

Un monsieur est en train de pêcher. Un gardien arrive et lui dit :

- Il est interdit de pêcher ici!

- Mais je ne pêche pas, dit le monsieur je montre à mon ver de terre comment nager!

· ·

Un fou tourne autour d'un trou en criant :

- 26, 26, 26, 26...

Un homme arrive et lui demande :

- Pourquoi criez-vous « 26 »?

Le fou le pousse dans le trou et crie :

- 27, 27, 27, 27...

Une petite fille rentre de l'école et demande à son père :

- Papa, tu connais la dernière?

- Non, lui répond son père.

- Eh bien, c'est moi! dit la petite fille.

• •

Une petite fille rentre de l'école, et dit à sa maman :

- Vite, maman, emmène-moi chez le docteur! Le prof m'a dit de soigner mon écriture!

« La disparition », de Georges Pérec :
un livre où il n'y a aucun « e ».

Le prodige est que le livre a été traduit
en espagnol et il n'y a aucun « a ».

Au Moyen Âge, même les animaux
pouvaient être amenés devant
le tribunal. En Italie, des chenilles ont
été accusées d'avoir transgressé
les règles de la route.
Qui leur a servi d'avocat?

Une petite fille revient de la ferme. Elle dit à son papa :

– Papa, tu sais, j'ai vu des bêtes roses qui faisaient comme toi quand tu dors!

• •

Mon premier est synonyme d'extrémité.

On mesure mon deuxième avec l'horloge.

On prend mon troisième à la gare.

Mon tout est une personne qui amène la gaieté.

Une tasse et un cendrier sont dans un ascenseur. Ils se disputent. La tasse dit :

- Moi je veux mon thé (monter)!

Et le cendrier dit :

- Moi, je veux des cendres (descendre)!

• •

Mon premier est l'opposé de blanc.

Mon second est le féminin de frère.

Mon tout survient au déclin du soleil.

Thomas est au pied de l'escalier roulant, qu'il observe sans bouger. Un passant lui demande s'il a besoin d'aide.

- Non, répond Thomas, j'attends juste que ma gomme à mâcher revienne!

● ●

Gaspard achète une paire de lacets.

- Et avec ça? dit le vendeur.

- Avec ça, je vais attacher mes chaussures, répond Gaspard.

Mon premier est un oiseau bavard.

Mon deuxième est un rongeur.

Mon troisième est à l'intérieur du pain.

Mon quatrième est un nombre pair.

On peut voir mon tout en Égypte.

Manu demande à sa maman :

- Pourquoi papa n'a plus de cheveux?

- Parce qu'il réfléchit tellement que son crâne bouillonne et ses cheveux tombent.

- Et toi, pourquoi en as-tu autant?

- Tais-toi et mange, répond sa maman.

- Maman, maman!
- Qu'y a-t-il, mon chou?
- La bibliothèque du salon est tombée!
- Oh! Cours le dire à papa.
- Je crois qu'il le sait déjà. C'est lui qui l'a fait tomber et il est en dessous!

Mon premier est le petit de la vache.

Mon deuxième est le participe passé du verbe « lire ».

Mon troisième signifie moitié.

Mon quatrième est l'unité utilisée pour mesurer la vitesse d'un navire.

Mon tout qualifie un objet qui occupe beaucoup d'espace.

- Je suis tellement fort, dit un homme, que je peux soulever un éléphant avec une seule main.

Et il ajoute :

- Le plus dur est de trouver un éléphant qui n'a qu'une seule main.

. . . .

- Tu as l'œil rouge, Papy.

- Oui, je sais. À chaque fois que je bois du café, j'ai mal à l'œil.

- Cela n'arriverait peut-être pas si tu retirais la cuillère de la tasse avant de boire.

Près de 80 % des Canadiens disent manger du beurre d'arachide au petit déjeuner. Et 9 % d'entre eux admettent qu'ils le mangent à même le pot.

Des chercheurs ont découvert que
les chevaux épuisés sont plus heureux
et plus calmes lorsqu'on suspend
un miroir dans leur stalle.

Mon premier est le prénom
d'un célèbre gangster.

Mon deuxième est une voyelle.

Mon troisième n'est pas haut.

Mon quatrième se met avant
le soulier.

Mon tout est un personnage des
contes des Mille et une nuits.

QU'OBTIENT-ON EN CROISANT UN
ÉLÉPHANT ET UN MARINGOUIN?

RÉPONSE : JE NE SAIS PAS, MAIS S'IL
VIENT POUR TE PIQUER,
SAUVE-TOI À TOUTE
VITESSE!

- Garçon, il y a une mouche dans ma soupe!

- Ne vous inquiétez pas, elle ne mange pas beaucoup.

• •

Mon premier est une plante potagère voisine de la betterave.

Mon deuxième est le mot « orteil » en anglais.

Mon troisième est un vaisseau sanguin.

Mon tout est un compositeur connu.

- Garçon, il y a une mouche dans mon chow mein.

- Ce n'est rien... Attendez de voir ce qu'il y a dans votre biscuit chinois!

• •

- Mon voisin est étrange. Lorsqu'il a appris que la plupart des accidents de la route survenaient dans un rayon de cinq kilomètres de la maison, il a déménagé...

Les concurrents de la Régate annuelle
de la citrouille de Windsor
(Nouvelle-Écosse) doivent pagayer
à bord de citrouilles évidées.

Un petit garçon est très fier de sa première année d'école.

- À présent, dit-il, je suis meilleur que mon enseignante.

- Comment ça? demande sa maman.

- Eh bien, l'année prochaine, je monte en deuxième année, alors qu'elle reste en première.

• •

Lettre envoyée à une mère par son fils parti en camp de vacances :

- Chère maman, tu as oublié de mettre mon nom sur mes vêtements et mes copains m'appellent tous « 100 % coton »!

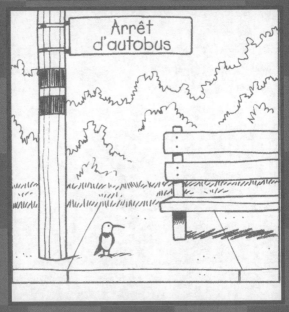

Les colibris (oiseaux-mouches)
ne peuvent pas marcher.

POURQUOI LES FANTÔMES SONT-ILS DE
BONS HUMORISTES?

RÉPONSE : PARCE QU'ILS ONT
BEAUCOUP D'ESPRIT!

Mon premier est un cri d'acclamation.

Mon second garde la main au chaud.

Mon tout est une violente tempête.

Mon premier est un oiseau à longue queue.

Mon deuxième peut être associé à un habit ou à un piano.

Mon troisième est la maison d'un oiseau.

Mon quatrième bat plus vite quand je cours.

Mon tout désigne celui qui prend son repas en plein air.

50

Les dauphins dorment en gardant
un œil ouvert.

Un serpent demande à sa maman :

- Est-ce que je suis venimeux?

- Non, pourquoi? répond la maman.

- Parce que je me suis mordu la langue!

....

Qu'est-ce qui est marron et carré et qui meugle?

Un caramel mouuuuuuuuuu.

Une enseignante donne à ses élèves le sujet de la rédaction :

- Imaginez ce que vous feriez si vous étiez le PDG d'une grosse entreprise.

Tous les enfants se mettent aussitôt à écrire, à l'exception du petit Bastien.

- Eh bien, tu n'as donc pas d'idées? demande l'enseignante.

- Oh, oui! madame, mais j'attends ma secrétaire!

- Est-ce que votre frigo marche?
- Oui.
- Alors, mettez-lui des chaussures!

· ·

Un fou tombe de son lit en dormant. Surpris, il se relève et se recouche. Une heure plus tard, il retombe de son lit. Heureux, il dit alors :
- **Ouf!** si je ne m'étais pas relevé tantôt, je me serais tombé dessus!

Autrefois, certaines personnes
superstitieuses croyaient que, si elles
comptaient les dents de leur peigne,
leurs propres dents tomberaient.

Les ailes d'un bourdon peuvent battre
jusqu'à 160 fois par seconde.

Mon premier est synonyme de gaieté.

Mon deuxième est le pluriel de œil.

Mon troisième signifie « non » en anglais.

Mon quatrième permet aux oiseaux de voler.

Mon cinquième est une conjonction.

Mon sixième n'est pas laid.

Mon septième est la 2e syllabe du nom d'un pays d'Amérique du Nord.

Mon huitième est au milieu du visage.

Mon tout est ce que l'on souhaite à tous ceux qu'on aime.

Les extraterrestres aiment peut-être la cornemuse : les Écossais sont quatre fois plus nombreux que tout autre peuple du monde à signaler des ovnis.

- Moi, je ne me pose jamais de questions, dit Bertrand. Je me demande pourquoi, d'ailleurs.

• •

Un homme court dans la rue, son vélo à la main. Intrigué, un passant lui demande :

- Eh l'ami, pourquoi ne montez-vous pas sur votre vélo?

L'homme, tout essoufflé, répond :

- Je suis trop pressé. Si je m'arrête pour monter sur mon vélo, je vais arriver en retard au bureau!

COMMENT S'APERÇOIT-ON QU'IL Y
A UN ÉLÉPHANT DANS SON LIT?

RÉPONSE : IL A UN « E » BRODÉ
SUR SON PYJAMA.

- Garçon, il y a une mouche dans ma salade!

- Ne vous inquiétez pas, monsieur. Elle n'en a pas pour longtemps : vous voyez l'araignée sur le bord?

POURQUOI LES HIPPOPOTAMES ONT-ILS
DES PATTES RONDES?

RÉPONSE : POUR POUVOIR SAUTER
GRACIEUSEMENT DE
NÉNUPHAR EN NÉNUPHAR!

Mon premier est l'inverse de tard.

Mon deuxième n'est pas carré.

Mon troisième est comme mon premier.

Mon tout est une grande ville
canadienne.

Les oiseaux ne sont pas attirés par certaines espèces de chenilles parce qu'elles ressemblent à de la fiente*.
(* mot savant pour excrément d'oiseaux)

QUEL EST LE COMBLE DE LA FORCE?

RÉPONSE : SERRER UNE PIÈCE DE
10 CENTS ENTRE SES DOIGTS
JUSQU'À CE QUE LA REINE
SAIGNE DU NEZ.

Mon premier n'est pas dur.

Mon deuxième est un tissu.

Mon troisième est l'opposé
d'arrière.

On retrouve mon tout surtout
en Hollande.

QUEL ARBRE DÉTESTE LA VITESSE?

RÉPONSE : LE FRÊNE

Comment distingue-t-on un hamster mâle d'un hamster femelle?

- On l'appelle. S'**il** vient, c'est un mâle, si **elle** vient, c'est une femelle.

QUEL EST LE COMBLE POUR
UN ÉLÉPHANT?

RÉPONSE : ÊTRE SANS DÉFENSE.

Une mouche rencontre une araignée.
L'araignée lui dit :

- Veux-tu que je t'apprenne à tisser?

- Non merci, répond la mouche, je
préfère filer!

Les fourmis travaillent sans arrêt.
Elles ne dorment jamais.

Mon premier miaule.

Mon deuxième est parfois chassé
par mon premier.

Mon troisième accompagne bien
les biscuits.

Mon quatrième est un mot que l'on
utilise familièrement pour marquer
le signal du départ.

Mon cinquième ne pleure pas.

Mon sixième remue lorsque le chien
est content.

Mon tout fait souvent partie d'un défilé.

Les femmes de ménage
préfèrent travailler chez
les musiciens parce qu'elles ont
un do mi si la sol fa si la si ré!

• •

Un homme croise un paysan
accompagné de son chien.

Il lui dit :

– Il est tatoué, le chien?

Le paysan répond :

– Mais ben sûr qu'il est à moué!

Un journaliste de Washington a
demandé le dossier médical d'une
girafe morte soudainement. Demande
refusée : cela aurait porté atteinte à
la vie privée de la girafe.

La maîtresse dit à Julien :

- Une grande rue s'appelle une artère.

- Ouais, et la traverser sans se faire écraser, c'est une veine !

●●●●●●●●●●●●●●●●●●●●●●●●●●●●●●●●●

Dans le grand océan, une petite vague est amoureuse du vent.

Celui-ci lui demande tendrement :

- Tu veux que je te fasse une bourrasque ou un ouragan ?

- Oh non, répond la petite vague, je veux juste une petite bise...

Les guêpes femelles s'occupent de tout le travail, y compris la collecte de la nourriture. Pour empêcher les mâles affamés de s'approcher de la nourriture, elles les placent tête première dans les alvéoles vides.

Heureux l'étudiant qui, comme la rivière, arrive à suivre son cours sans quitter son lit.

• •

- Si une bonne fée te proposait de réaliser un de tes vœux, dit une étudiante à son amie, que lui demanderais-tu?

- Que Budapest devienne la capitale de la Roumanie, dit l'amie.

- C'est idiot comme vœu! répond l'étudiante.

- Peut-être, dit l'amie, mais ça me permettrait de réussir le dernier examen de géographie.

- Maman, dit un gamin qui rentre en larmes de l'école, tout le monde me traite de menteur!

- Allons! dit la mère, je ne te crois pas!

⋯⋯⋯⋯⋯⋯⋯⋯⋯⋯⋯⋯⋯⋯⋯⋯⋯

Un automobiliste se rend chez le garagiste.

- Bonjour monsieur, dit l'automobiliste, est-ce que vous pouvez changer mon klaxon, s'il vous plaît? Je voudrais qu'il sonne dix fois plus fort.

- Mais pourquoi donc? demande le garagiste.

- Parce que je n'ai plus de freins, répond l'automobiliste.

Deux fous veulent s'échapper de l'asile.

- Je vais allumer la lampe électrique, tu vas monter sur le faisceau lumineux, et tu sauteras par-dessus le mur! dit le premier.

- Tu me prends pour un imbécile? répond le second. Quand je serai au milieu, tu vas éteindre!

• •

Dans le train, le contrôleur dit à une vieille dame :

- Votre billet est pour Bordeaux. Or ce train va à Nantes.

- Ça, c'est ennuyeux, grommelle la voyageuse. Et ça arrive souvent au chauffeur de se tromper comme ça?

Une recette pour guérir quelqu'un du hoquet : on dit « Hé! Tu saignes de l'oreille! » C'est censé fonctionner.

- Quels sont les os du crâne? demande le professeur.

- J'ai oublié leurs noms, mais je suis certain de les avoir tous en tête, répond Maxime.

• •

Un type arrive au bureau un matin, la tête bandée. On lui demande ce qui lui est arrivé et il répond :

- C'est un accident de chasse!

Puis il ajoute en chuchotant :

- J'étais aux toilettes dans un restaurant minable. J'ai tiré la chasse d'eau et elle m'est tombée sur la tête!

L'attentat à la réincarnation qui a eu lieu samedi, dans le cimetière de Salem, a fait plus de 300 vivants, dont 7 grièvement.

● ●

Un père un peu snob et son fils se promènent à St-Tropez.

- Papa, papa, regarde le bateau! dit le fils.

- Mon fils, à ton âge, tu devrais savoir que c'est un yacht et non un bateau, reprend le père.

- Un quoi? Comment l'écrit-on? demande le fils.

- Je crois que tu as raison, c'est un bateau, répond le père.

POURQUOI UN FA BÉMOL EST-IL TOUJOURS
MALADE?
RÉPONSE : PARCE QU'IL VAUT MI.

- Félicitations, tu es papa!

- Merci.

- Comment vas-tu l'appeler, ce charmant bambin?

- On va l'appeler Verjepasse

- Verjepasse, quel drôle de prénom!

- Ben, tu as bien appelé le tien Jonathan!

QUE DEMANDE UN DOUANIER À
UN COCHON QUI PASSE LA FRONTIÈRE?
RÉPONSE : SON PASSE-PORC.

Un homme raconte à son ami :

- Je suis parti en voyage. J'ai écrit tous les jours à ma fiancée et, à mon retour, elle s'est mariée.

- Eh bien, bravo! dit l'ami.

- Ne me félicite pas, répond l'homme. Elle s'est mariée avec le facteur!

- As-tu vu Monte-Carlo?

- Non, je n'ai vu monter personne.

• •

Une jeune fille, qui vient de subir l'examen pour obtenir son permis de conduire, rentre chez elle.

Son père la questionne :

- Alors, comment ça s'est passé?

- Je n'en sais rien.

- Comment ça? L'examinateur ne t'a rien dit?

- Mais non, rien, répond la jeune fille. On l'a transporté directement à l'hôpital...

Un peu avant Noël, un mari va faire des emplettes dans une papeterie.

- Je voudrais ce stylo, s'il vous plaît. C'est pour l'offrir à ma femme.

- Je vous fais un emballage cadeau? demande la vendeuse.

- Oui, merci, répond l'homme.

- Ça lui fera une belle surprise, dit la vendeuse.

- Oh pour ça, oui, répond l'homme. Elle s'attend à recevoir un collier d'émeraudes.

Isabelle écrit à Jean-Pierre :

« Cher Jean-Pierre,

Je ne dors plus, je ne vis plus depuis que j'ai rompu nos fiançailles. Voudras-tu me pardonner et oublier? Ton absence ronge mon cœur. Je n'étais qu'une petite sotte; personne ne pourra jamais prendre ta place. Je t'aime.

Amoureusement,

Ton Isabelle.

P.-S. Mes félicitations pour avoir gagné 12 millions à la loterie hier soir. »

Un homme téléphone au 555-5555.
Une femme répond :

- Oui, bonjour...

- Est-ce que c'est bien le 555-5555?

- Oui, c'est bien le 555-5555. Que puis-je faire pour vous?

- Pourriez-vous appeler le 911 pour moi, s'il vous plaît? J'ai le doigt pris dans la roulette du téléphone...

• •

Un policier fait arrêter une voiture :

- Vous n'aviez pas vu le feu rouge? demande le policier.

- Oui, oui, répond l'automobiliste, c'est vous que je n'avais pas vu!

Les éleveurs canadiens de moutons sont épatés par les prouesses de leurs **lamas de garde**.

À QUOI RECONNAÎT-ON UN MOTOCYCLISTE HEUREUX?

RÉPONSE : AUX MOUSTIQUES COLLÉS SUR SES DENTS.

J'AI TROIS NEZ, DEUX BOUCHES, QUATRE YEUX ET CINQ OREILLES. QUE SUIS-JE?

RÉPONSE : HORRIBLE!

Un Inuit habitant au pôle Nord est soupçonné d'avoir commis un meurtre. Il est interrogé par un enquêteur :

- Que faisiez-vous dans la nuit du 23 septembre au 21 mars?

. . . .

Un mineur sort de son puits et explique à l'un de ses camarades :

- J'ai fait une bêtise en bas. J'ai laissé tomber un gros morceau de charbon sur le pied de l'ingénieur en chef!

- Et qu'a-t-il dit? demande le camarade

- *Houille!* répond le mineur.

Un jeune auto-stoppeur s'arrête dans une ferme isolée. Le fermier et sa femme l'invitent à dîner, à condition qu'il repeigne le porche de leur maison.

Le jeune homme, un sans-le-sou, accepte. Le voilà donc avec un pot de peinture et un pinceau. Une demi-heure plus tard, il revient voir le fermier, fier de son ouvrage.

Le fermier est ébahi par la rapidité du jeune homme, qui précise :

- Attention, vous avez fait une erreur, ce n'était pas une Porsche mais une Ferrari...

« Hésiter ou ne pas hésiter, là est la question... ou peut-être pas... »

•••••••••••••••••••••••••••••••

Deux conjoints ne se parlent plus du tout et ne communiquent que par billets interposés.

Un soir, le mari écrit à sa femme : « S'il te plaît, réveille-moi demain à 7 heures. » Le lendemain, il se réveille et constate, affolé, qu'il est 10 heures du matin! Puis il aperçoit un petit billet sur la table de nuit :

« Il est 7 heures, réveille-toi! »

Les maringouins sont attirés par
les pieds qui sentent...
les p'tits pieds!

Un gamin a volé une pomme à
un marchand de fruits et légumes.
Avertie par le commerçant, la mère
prévient son fils :

- Tu vas voir ce que ton père va te
dire, quand il rentrera... dans six ans,
s'il obtient une libération conditionnelle.

• •

- La personne qui a dérobé un
gâteau sur le bureau du commissaire
Maigrelet est invitée à le restituer
sans tarder. Il s'agit d'une pièce
à conviction dans une affaire
d'empoisonnement à l'arsenic.

Les maringouins sont attirés par
les gens qui ont bu de l'alcool.

Si on sait que la tartine beurrée tombe toujours du côté beurré, et si on sait aussi qu'un chat retombe toujours sur ses pattes, que se passe-t-il si on beurre le dos du chat?

•••••••••••••••••••••••••••••••••••••

Un gars vient d'être admis à l'asile. À peine entré, il s'écrie :
- Mais il y a un monde fou là-dedans!

Une graine de melon d'eau peut apporter le bonheur : on la colle sur son front et on fait un vœu; si elle ne tombe pas, le vœu devrait se réaliser.

Au début du XIXe siècle, l'air ambiant
dans une pièce bondée devait être
à couper au couteau… À l'époque,
les gens ne lavaient régulièrement que
leurs mains, leurs bras et leur cou.

Un monsieur un peu dur d'oreille s'assied sur un banc dans un parc.

Un gardien s'approche et lui dit :

- Faites attention, ce banc vient tout juste d'être repeint!

- Comment? demande le monsieur.

- Ben, en vert! répond le gardien.

. . . .

D'après une étude récente, 5 personnes sur 4 ne comprennent rien aux fractions.

Les derniers chiffres viennent
de tomber : 63 % des statistiques
sont fausses.

• •

Mon premier est la seizième lettre de
l'alphabet grec.

Mon deuxième est la huitième lettre de
l'alphabet si on commence par la fin.

Mon troisième est le nombre d'éléments
que contient une paire.

Mon quatrième est une infusion très
populaire en Chine.

On fait du feu dans mon cinquième.

Mon tout comprend plusieurs actes.

Qu'est-ce qui est le plus dangereux pour les touristes : les noix de coco ou les requins? Chaque année, environ 150 personnes meurent en recevant une noix de coco sur le coco. En moyenne, les requins ne font que 10 victimes par année.

En 2002, il existait encore une loi
en Nouvelle-Écosse exigeant que
les citoyens pellettent les autoroutes,
en plus des trottoirs, après
les tempêtes de neige.

Deux papiers se promènent au bord de la piscine. Le premier plonge et coule.

- Que se passe-t-il? demande le second.

- Ben, je n'ai pas pied! répond le premier.

POURQUOI LES MACARONIS ONT-ILS
UN TROU À L'INTÉRIEUR?

RÉPONSE : PARCE QUE PERSONNE
N'EST ARRIVÉ À LE METTRE
À L'EXTÉRIEUR.

POURQUOI LES LÉZARDS AIMENT-ILS
LES VIEUX MURS?

RÉPONSE : PARCE QU'ILS ONT
DES LÉZARDES.

À Vienne (Autriche), un orchestre
utilise des légumes comme instruments.
Le gurkophon est un instrument à vent
fabriqué avec un concombre évidé,
un poivron rouge et une carotte.

QUELLE EST LA DIFFÉRENCE ENTRE
UNE CHAISE ET UN MÉTRO?

RÉPONSE : AUCUNE, LE MÉTRO EST
SOUTERRAIN ET LA CHAISE
EST SOUS TES REINS.

Le dentiste demande au patient :

- De quel côté mangez-vous?

- Du côté de la gare, mais je
me demande bien ce que ça peut
vous faire, répond le patient.

Au Moyen Âge, les gens riches payaient
les plus pauvres pour leur faire extraire
les dents et en fabriquer des dentiers.

Dans l'Égypte ancienne, certains pharaons avaient un médecin différent pour chacun de leurs organes. L'un d'eux avait même un médecin différent pour chacun de ses yeux.

La tour de Pise a commencé à pencher
en l'an 1173, tout juste après
la construction des trois premiers
étages. Il a fallu 300 ans pour
terminer l'édifice, qui penche encore.

Deux fous discutent :

- Donne-moi un chiffre entre 1 et 7, dit le premier.

- Rouge, répond le second.

- Mais non, jeudi, c'est en Amérique! réplique le premier.

● ●

Je connais quelqu'un qui a réussi à croiser un pigeon voyageur avec un pivert. Quand l'oiseau porte un message, il frappe à la porte.

En 2000, la consommation de pommes
de terre au Canada a été
de 74 kg par personne.

Solutions des charades

Page 4 .... Calembour
Page 8 .... Ver à soie
Page 13 .... Chasse aux papillons
Page 17 .... Gouvernement
Page 24 .... Disque dur
Page 33 .... Boute-en-train
Page 34 .... Noirceur
Page 36 .... Pyramide
Page 39 .... Volumineux
Page 43 .... Ali Baba
Page 44 .... Beethoven
Page 49 .... Ouragan
Page 50 .... Pique-niqueur
Page 57 .... Joyeux Noël et
                           bonne année
Page 61 .... Toronto
Page 63 .... Moulin à vent
Page 67 .... Char allégorique
Page 96 .... Pièce de théâtre